Inhaltsverzeichnis

Affiliate Blog Produktvergleiche oder Emaillisten bewerben Lukrative Nischen finden und Suchmaschinen-Optimierung Geld verdienen mit dem eigenen Blog

Autor - Axel Moebus

Vorwort

Liebe Leserin, lieber Leser!

Affiliate Marketing ist ein toller Weg, um online Geld zu verdienen. Am Besten geht dies natürlich mit einem eigenen Blog. Ob Du Dein eigenes Blog nun dazu nutzt um Produktvergleiche zu veröffentlichen, oder ob Du damit Deine eigene E-Mail Liste bewerben möchtest: jeder Affiliate Marketer sollte sein eigenes Blog haben und diesen auch aktiv nutzen.

In diesem eBook erfährst Du, wie Du Dir selbst Dein eigenes Blog erstellen kannst und wie Du damit einfach und problemlos online Geld verdienen kannst. Und das ganze natürlich ohne viel Geld in Waren oder Werbung zu investieren.

Durch die Entwicklungen in den letzten Jahren ist dies alles so einfach geworden, dass heute wirklich jeder sein eigenes Blog erstellen kann.

Wer sich eine eigene E-Mail-Adresse erstellen kann und sich dieses Buch gekauft hat, der kann auch seine eigene Webseite erstellen und damit Geld verdienen. Es ist tatsächlich kinderleicht.

Dein *Axel Moebus*

Warum brauche ich ein Blog?

Wenn Du durch Affiliate Marketing online Geld verdienen willst, dann ist Dein eigenes Blog die beste Wahl. Denn nur hier hast Du volle Kontrolle und kannst tun und machen was Du willst.

Und wenn wir hier vom eigenen Blog sprechen, dann sprechen wir nicht von einem Blog bei einem Anbieter wie Blogger, nein, wir sprechen von einem (WordPress) Blog welches auf Deinem eigenen Server läuft. Natürlich gibt es noch weitere Blogging Plattformen die man nutzen kann, doch WordPress ist meiner Meinung nach die
Beste blogging Plattform die es gibt.

Und wieso solltest Du Dir nicht einfach ein Blog bei Blogger, Medium oder einem anderen Anbieter machen? Schliesslich sind die alle kostenlos und damit ersparst Du Dir die ganze Installations-Arbeit.

Das stimmt zwar, doch bei den meisten Anbietern darfst Du kein Affiliate Marketing betreiben und bist auch sehr oft in den Funktionen eingeschränkt. Ausserdem kostet die eigene Webseite auch nicht mehr die Welt. Solange Du Dich an die Anweisungen hältst, wirst Du schon bald genug Geld mit Deinem eigenen Blog verdienen um die Kosten zu decken. Wenn Du Dich ins Zeug legst, dann wirst Du auch deutlich mehr Geld damit verdienen.

Natürlich hängt das tatsächliche Einkommen von vielen Faktoren ab, aber es ist durchaus möglich innerhalb ein paar Monaten genug Geld zu verdienen um seinen Job zu kündigen und Vollzeit-Blogger zu werden. Erfolgsgeschichten von Leuten, die genau das geschafft haben gibt es im Internet viele.

Also: Du brauchst Dein eigenes Blog. Wenn Du mit Bloggen oder mit einem
reinen Affiliate Blog Geld verdienen willst, dann führt daran kein Weg vorbei.

Nur, wie bekommst Du denn nun Dein eigenes Blog, und wie erreichen Dich Deine Leser? Darum kümmern wir uns im nächsten Kapitel.

Hosting & Domain

Damit Du Dein eigenes Blog einrichten kannst und damit Dich Leute online finden brauchst Du erstmal zwei Dinge: Eine Domain und Hosting.

Eine Domain ist Deine eigene Internetadresse. Die brauchst Du natürlich, damit Dein Blog auch angezeigt werden kann. Eine Domain ist nichts weiter, als eine vereinfachte Adresse. Dabei hat jede Webseite (mindestens) eine Domain. Eine Domain ist zum Beispiel: google.com oder amazon.de. Diese kannst Du ganz einfach bei einem der vielen Anbietern anmelden. Welchen Anbieter Du nun wählst ist dabei relativ unwichtig. Allerdings gibt es durchaus preisliche Unterschiede.

Vorsicht: Einige Anbieter werben mit super günstigen Preisen. Doch solltest Du immer genau schauen wie viel die Domain auch in den Folgejahren kostet. Es kann gut sein, dass sich die Gebühren in den Folgejahren vervielfacht!

Zwar kannst Du den Anbieter jederzeit wechseln, doch ist dies nicht immer so einfach und kann zu kurzzeitigen ausfällen führen. Am Besten Du entscheidest Dich also gleich für einen Anbieter, bei dem Du auch in den Folgejahren bleiben möchtest.

Am Einfachsten ist es natürlich, wenn Du Deine Domain zusammen mit Deinem Webhosting kaufst. Je nach Anbieter kostet das allerdings etwas mehr. Viele werben auch hier mit einer kostenlosen Domain, doch gilt dies eigentlich immer nur für das erste Jahr und die Kosten im zweiten Jahr sind dann deutlich höher als bei einem anderen Anbieter.

Doch was ist Webhosting beziehungsweise Hosting?
Am Einfachsten lässt sich das ganze mit einem Haus erklären. Während dem Deine Domain nur die Adresse ist, so ist das Webhosting Dein Grundstück worauf Du Dein Haus (Deine Webseite) bauen kannst.

Auch beim Hosting gibt es jede Menge Anbieter und hier ist es nicht immer so einfach die Übersicht zu behalten. Welches Angebot nun zu einem passt, hängt natürlich von vielen Faktoren ab.
Genauso wie man nicht auf jedem Grundstück jedes beliebige Haus bauen kann, so kann man auch nicht mit jedem Hosting-Angebot jede Webseite erstellen.

Für den Anfang reicht allerdings meistens das kleinste Paket. Während grosse Seiten wie Facebook oder Google hunderte von eigenen Servern betreiben um die Massen an Besuchern und Daten auch bewältigen zu können. Trotzdem sollte man bereits am Anfang auf ein paar Punkte achten.

Als Erstes sollte der Anbieter möglichst eine unbegrenzte Bandbreite anbieten. Dies vor allem dann, wenn man auch
mal grössere Produkte zum Download anbieten möchte. Nichts ist schlimmer, als wenn die Webseite mitten im Monat ausfällt, da die Bandbreite überschritten wurde – vor allem wenn man genau dann noch eine Werbekampagne am Laufen hat...
Heutzutage bieten allerdings fast alle Anbieter eine unbegrenzte Bandbreite an, vor allem in Deutschland.

Als Zweites sollte man auf die Grösse des Speicherplatzes achten. Hier kommt es wieder drauf an wie groß die eigene Seite ist, beziehungsweise wird und ob man viele
oder grosse Daten zur Verfügung stellen will. Wer ein normales WordPress Blog betreibt und keine grossen Daten anbieten möchte, dem reichen anfangs meistens schon ein paar GB.
Mehr sind natürlich immer besser. Ich selbst würde mindestens 10 GB nehmen. Einfach nur, um genug Platz zu haben.

Ein weiterer wichtiger Punkt ist ein SSL-Zertifikat. Dies dient dazu, damit Deine Webseite als "Sicher" eingestuft wird und keine Warnung angezeigt wird, dass diese Seite nicht sicher ist. Ein absolutes Muss also!

Wenn Du mehr als nur eine Webseite erstellen möchtest, dann solltest Du auch darauf achten, dass Du Dich für ein Paket entscheidest welches mehrere Domains und mehrere Datenbanken anbietet. Normalerweise kannst Du auch später auf eine grösseres Paket umsteigen, das mehrere Webseiten unterstützt.

Solltest Du Dich technisch nicht ganz so gut auskennen, so empfehle ich Dir auch eine “1-Klick WordPress Installation” oder ein “Software-Center mit einfacher Installation” etc. So kannst Du WordPress (unsere Blogging-Plattform) ganz einfach und ohne grossen Aufwand installieren. Ich selbst nutze nur noch Anbieter die diese Funktion haben. So kann ich einfach und schnell ein weiteres Blog erstellen.

Alles weitere wie z.b. Unbegrenzte E-Mail-Adressen, automatische Backups, viel CPU & RAM und noch vieles mehr ist natürlich immer schön zu haben, aber in den meisten Fällen nicht zwingend notwendig.

Während dem Deine Domain immer für ein ganzes Jahr läuft, kannst Du Dein Hosting auch nur jeweils für einen Monat bestellen. Wenn Du Dir also noch nicht ganz sicher bist, ob das ganze Affiliate Bloggen was für Dich ist, brauchst Du nicht gleich für ein ganzes Jahr zu bezahlen. Auch kannst Du so natürlich Deinen Anbieter erst mal testen und nach einem Monat wieder wechseln, solltest Du nicht damit zufrieden sein.

Allerdings ist so ein Hosting-Umzug nicht ganz so einfach. Einige Hosting-Anbieter kümmern sich aber auch komplett um Deinen ganzen Umzug. Es lohnt sich also immer sich beim neuen Anbieter zu erkundigen, ob sie das für Dich machen können. Vor allem wenn Du Dich für ein ganzes Jahr entscheidet und nicht gerade das billigste Paket kaufst, lässt sich da meistens etwas machen. Allerdings dauert so ein Umzug in der Regel ein paar Tage, also solltest Du das Ganze nicht erst in aller letzter Minute organisieren.

In welchem Land sich Dein Anbieter nun befindet spielt im Grunde genommen eigentlich keine grosse Rolle. Wenn Du also der englischen Sprache gewachsen bist, dann kannst Du Dich auch für einen amerikanischen Anbieter entscheiden. Diese sind meist noch etwas günstiger als die deutschen Anbieter.

Wie finde ich die passende Domain?

Die passende Domain zu finden ist oft gar nicht so einfach. Häufig hat man eine super Idee und will sich die Adresse gleich sichern, nur um dann festzustellen, dass sich diese schon ein Anderer geschnappt hat.

Ich möchte Dir aber dennoch ein paar Tipps geben, die Dir bei der Suche nach Deiner Domain unterstützen sollen.

Als Erstes muss natürlich die Endung ausgesucht werden. Wenn Deine Webseite auf Deutsch ist, dann empfehle ich Dir, dass Du Dich für .de entscheidest. Wenn Deine Wunsch-Domain bereits als .de vergeben ist, empfehle ich Dir, dass Du Dir eine andere Domain aussuchst. .de ist und bleibt die All-

gemein gültige Domain für deutschsprachige Webseiten.
Solltest Du aus Österreich oder aus der Schweiz kommen, kannst Du
auch .at oder .ch wählen. Allerdings solltest Du dies nur dann wählen, wenn Deine Seite spezifisch nur für Österreich oder die Schweiz relevant ist. Ansonsten ist es auch hier besser eine .de Domain zu verwenden.

Weiterhin solltest Du darauf achten, dass Deine Domain möglichst einfach zu merken und zu schreiben ist. Niemand wird sich Deine Domain merken können, wenn diese sehr lange oder kompliziert ist.

Auch Zahlen und Umlaute sind so eine Sache. Vor allem wenn Du Deine Domain einmal mündlich weitergeben willst (zum Beispiel in Person, in einem Video oder Podcast etc.) ist es immer umständlich darauf hinzuweisen, ob

die Seite nun top5desings.de, topfünfdesign-
s.de oder topfuenfdesigns.de heisst.

Am Besten wählst Du also einen Namen, welcher mit Deiner Nische in Verbindung ge-
bracht werden kann, der einfach auszuspre-
chen und zu merken ist, und der möglichst
keine Verwechslungen zulässt. Achja,
die .de Variante sollte natürlich auch noch frei
sein.

Wie gesagt, eine nicht ganz so einfache Aufgabe. Aber mit etwas Zeit findest auch Du
eine passende Domain.

Wichtig ist auch, dass Du Dir für die Wahl genügend Zeit lässt und Dir das Ganze gut über-
legst. Deine Domain ist Dein Markenname,
und diesen solltest Du in der Regel nie ändern. Such Dir also von Anfang an etwas aus,
das Dir auch in 2–3 Jahren noch gefällt und

passt.

Und dann gibt's da noch diese Social Media Seiten. Als wäre es nicht schon so schwierig genug eine gute Domain zu finden … So ist es natürlich ratsam auch die Social Media Plattformen zu checken die Du nutzen willst. Dafür gibt es einige Webseiten, die gleich alle Social Media Seiten nach Deinem Wunschnamen abchecken.

Denn nichts ist doofer als wenn Du endlich einen super Domain Namen gefunden und Dir gleich gesichert hast, nur um dann zu merken, dass genau dieser Name auf Instagram oder Twitter schon vergeben ist. (Und dann noch von jemandem mit 2 Freunden und 0 Beiträgen … Wer kennt das nicht?)

WordPress

Nun, da Du Deine Domain und Dein Webhosting hast, ist es an der Zeit Dein Blog einzurichten. Wie bereits erwähnt empfehle ich Dir dafür WordPress Rund 30 % aller Webseiten nutzen diese Plattform. Sie ist einfach zu bedienen ohne dabei einzuschränken was alles damit möglich ist. Mit den passenden Plugins bleiben mittlerweile eigentlich keine Wünsche mehr übrig. Und wenn man doch mal eine Funktion vermisst, findet man schnell einen Freelancer, der einem die Funktion für wenig Geld erstellen kann – allerdings musste ich das noch nie machen und habe bisher immer einen Weg gefunden genau das zu machen, was ich wollte.

Und das Beste daran: WordPress ist natürlich Kostenlos.
Natürlich gibt es auch noch andere Plattformen und Systeme, allerdings kommt meiner Meinung nach keines davon auch nur annähernd an WordPress heran.

Während dem WordPress selbst kostenlos ist, gibt es natürlich jede menge Plugins, die die Grundfunktionen verändern oder weitere zusätzliche Funktionen hinzufügen. Die Meisten Plug-ins sind entweder Kostenlos, oder bieten eine kostenlose Version an. Diese kostenlosen Versionen reichen in der Regel aus, vor allem am Anfang braucht man eigentlich kein Geld in teure Plugins zu investieren.
Es empfiehlt sich natürlich immer eines der beliebtesten Plugins zu verwenden um sicherzustellen, dass dies auch weiterentwickelt wird und nicht nach einem der vielen WordPress-Updates aufhört zu funktionieren.

Apropos Updates: WordPress ist die meistbenutzte Plattform. Und natürlich zieht dies auch viele Hacker und Viren an. Daher hier ein paar Sicherheitstipps die Du unbedingt befolgen solltest um Deine Seite sicher zu halten:
Als Erstes empfehle ich Dir das Plugin Wordfence. Dies hilft Dir Dein Blog sicher zu halten und informiert Dich über mögliche Angriffe, Logins und über sämtliche verfügbaren Updates Deiner Plugins.

Da kommen wir auch gleich zum zweiten Punkt: Updates. Um so wenig Sicherheitslücken wie möglich auf Deiner Seite zu haben solltest Du Deine WordPress-Installation sowie die Plugins immer aktuell halten.
Wordfence hilft Dir zusätzlich Deine Seite sicher zu halten, indem es Dir die Möglichkeit gibt Leute auszusperren, nachdem sie sich X mal falsch angemeldet haben und es verhindert, dass der Angreifer weiss, welchen Be-

nutzernamen Du benutzt. Vorsicht: Das Tool wird auch Dich und Deinen Zugriff für diese Zeit sperren, solltest Du Dich mal aus Versehen vertippen. Wähle also die Einstellungen entsprechend. Wer sich mit dem Ganzen weiter befassen möchte, der findet im Internet Tutorials über dieses Plugins und die besten Einstellungen. Die Grundeinstellungen sind aber auch schon ganz gut und können auch ruhig so gelassen werden.

Weiterhin empfehle ich Dir auch, dass Du Dein Login-Namen änderst. Aus Erfahrung kann ich Dir sagen, dass die Meisten Angreifer folgende Namen ausprobieren: Admin, Administrator, (Name der Webseite), (Name des Autors). Benutze also einen völlig anderen Anmeldenamen um es den Angreifern noch schwieriger zu machen Deine Seite zu hacken.

Wenn Du Dich noch weiter schützen willst, dann empfiehlt es sich, die Login-URL zu verschieben (mittels Plugin!) und Deinen angezeigten Nutzernamen vom Login zu trennen (Author Slug).
Zu guter Letzt empfehle ich Dir, dass Du Plugins wenn möglich nur direkt in WordPress installierst. Dies ist die einfachste und sicherste Methode um Plugins zu installieren.

Natürlich kannst Du auch das Aussehen Deiner Webseite verändern. Während Plugins die Funktionsweise Deines Blogs verändern, so ändern Themes das Aussehen. Dabei gibt es auch hier wieder eine extrem grosse Auswahl an kostenlosen sowie auch kostenpflichtigen Themes. Für den Anfang kannst Du Dir natürlich ein kostenloses Theme aussuchen.

Allerdings verhält es sich bei den Themes etwas anders als bei den Plugins. Zum einen ist es sehr wichtig, dass Dein Blog möglichst gut aussieht und zum anderen bieten Dir kostenpflichtige Themes teilweise die Möglichkeit Dein Blog genau so zu gestalten, wie Du möchtest.

Mit dem richtigen kostenpflichtigen Theme lassen sich professionelle Seiten gestalten und die Themes werden immer umfangreicher in ihren Funktionen und Anpassungsmöglichkeiten. Es lohnt sich also auf jeden Fall hier für ein gutes System etwas Geld zu investieren.

Aber wie gesagt, vor allem für den Anfang reicht auch ein kostenloses Theme völlig aus. Allerdings solltest Du möglichst NICHT das Standard Theme verwenden, welches bereits bei der Installation mit dabei ist. Das lässt Deine Seite auf den ersten Blick als schlecht und unprofessionell erscheinen. Daher suchst Du Dir besser ein schönes Theme aus und installierst Dir dieses.

Ich halte es übrigens immer wie folgt, wenn ich eine neue Webseite oder Blog erstelle: Zuerst suche ich mir ein kostenloses Theme heraus, welches zur Nische und zu meinen Ansprüchen passt.
Und sobald die Seite Geld generiert, wechsle ich auf ein kostenpflichtiges, professionelles Theme und Premium Plugins. Schliesslich will ich erst einmal sehen, ob die Seite überhaupt läuft, bevor ich Geld in das Projekt investiere (abgesehen natürlich von der Domain. Hos-

ting habe ich ja bereits durch andere Webseiten).

Doch wie installierst Du das ganze nun eigentlich?
Solltest Du meinem Rat im vorherigen Kapitel gefolgt sein und einen Hosting Anbieter ausgewählt haben, welcher eine “1-Klick WordPress Installation” anbietet, so ist dies kinderleicht. Da die Installation von Anbieter zu Anbieter unterschiedlich ist, empfehle ich, dass Du Dich über die Installation direkt beim Support Deines Hosting Anbieters informierst. Die meisten Anbieter haben bereits eine ausführliche Erklärung darüber auf ihrer Seite.

Falls Du jedoch einen Anbieter gewählt hast, der keine einfache WordPress-Installation anbietet, dann musst Du Dir Wordpress selbst herunterladen. Dies kannst Du auf der offiziellen Seite machen, die Du unter de.wordpress.org findest. (Wichtig: Wordpress.com ist eine Blogging-Plattform und für unsere Zwecke NICHT geeignet.) Dort findest Du auch weitere Infos über die Installation.

Weitere Hilfe, wie man WordPress benutzt, wie man Themes und Plugins erstellt und so weiter findest Du ebenfalls auf der WordPress Seite. Auch auf YouTube gibt es jede Menge gute Tutorials - auch auf Deutsch - die Dir dabei helfen Dich zurechtzufinden.

Ich habe bewusst darauf verzichtet das Ganze hier in diesem eBook zu erklären, da ich der Meinung bin, dass dies das falsche Format dafür ist und die Sache nur unnötig komplizierter macht als es eigentlich ist.

Die ersten Beiträge

Jetzt, wo Du WordPress installiert und ein wenig angepasst hast, wird es Zeit für Deine ersten Artikel zu schreiben. Keine Sorge! Dazu brauchst Du keinen Uni-Abschluss in Deutsch oder Literatur. Wir sind hier schliesslich im Internet! Wenn Du E-Mails schreiben kannst, dann kannst Du auch Bloggen! Natürlich solltest Du auf eine einigermassen gute Rechtschreibung achten und Dich grammatikalisch korrekt ausdrücken, aber das Ganze muss keineswegs perfekt sein. Solltest Du im Nachhinein noch Fehler entdecken, kannst Du immer wieder zurück gehen und diese korrigieren.

Doch worüber sollst Du nun schreiben? Das hängt natürlich ganz von Deiner Nische ab. Auch kann es sinnvoll sein, wenn Du Dich erstmal auf ein einziges Problem / Thema in dieser Nische widmest.

Eines solltest Du jedoch beachten: Die Artikel sollten sich immer nur um spezifische Fragen oder Probleme handeln. Je spezifischer Du werden kannst, umso besser. Natürlich kannst Du das auch übertreiben, aber ich denke, Du weisst worauf ich hinaus will.
Du solltest Dir einfach überlegen was Leute in Deiner Nische für Fragen oder Probleme haben und wie Du diese einfach beantworten kannst.

Hier einige Beispiele:
Ernährung & Diät: “Wie man sich erreichbare Ziele setzt”, “Diät & Urlaub. Geht das?”, “Der Süssen Versuchung Widerstehen”
Golf: “Mentale Tricks, um Dein Handicap zu verbessern”, “Besserer Swing in 5 Schritten”, “Der richtige Stand”

Fotografieren: “Richtiges Fokussieren”, “Bessere Fotos mit dem Handy machen”, “Sicheres Händchen - Bildwandler vorbeugen”

Das sind natürlich nur ein paar Beispiele die mir gerade spontan eingefallen sind. Ich bin sicher, Dir fallen dabei viel bessere Ideen ein, schliesslich kennst Du Dich in Deiner Nische aus, oder?

Wie dem auch sei. Die Themenwahl bei den ersten Artikeln ist nicht ganz so kritisch wie später.
Hauptsache ist, Du hast ein paar hilfreiche und informative Artikel auf Deiner Seite, damit diese nicht ganz so leer aussieht. Aber Vorsicht: Du solltest auf keinen Fall einfach irgendwas schreiben, nur um Dein Blog zu füllen.
Die Besucher werden die Beiträge schliesslich lesen und entscheiden, ob Du weisst, wovon

Du sprichst und ob sie auch weitere Artikel von Dir lesen wollen.

Natürlich kannst Du auch bereits bei den ersten Artikeln SEO betreiben und Dich daran orientieren, wonach effektiv gesucht wird. Aber es kann für den Anfang einfacher sein ein Thema frei zu wählen, um Übung im Bloggen zu sammeln.

Wichtig ist, dass Du Dir bei jedem Deiner Artikel Mühe gibst, auch wenn dies “nur” als “Lückenfüller” dient. Auch solltest Du nicht sofort damit anfangen Artikel oder Produkte zu empfehlen oder zu bewerten. Deine Besucher wollen auch Informationen haben, nur so stellst Du sicher, dass sie immer wieder auf Dein Blog zurück kommen und Deinen Empfehlungen glauben schenken.

So baust Du Dir Deine eigene Leserschaft auf und gewinnst treue “Fans”.
Wenn Du stattdessen ständig neue Leute suchen must, die Deine Seite nur einmal besuchen, dann machst Du Dir Dein Leben selbst schwerer, als es sein muss.

Nach den ersten paar Beiträgen bist Du bereit das Ganze etwas geplanter anzugreifen. Es wird Zeit, dass Du gezielte Inhalte schreibst, die Dir die richtigen Besucher bringen. Es wird Zeit für Suchmaschinen-Optimierung.

Suchmaschinen-Optimierung

Ich höre immer wieder wie Leute behaupten, dass Suchmaschinen-Optimierung tot sei. Und dass SEO (kurz für Search Engine Optimisation, also Suchmaschinen-Optimierung) ein Ding der Vergangenheit sei, weil die Suchmaschinen die "Tricks" längst schon alle kennt und immer intelligenter werden.
Das ist natürlich Schwachsinn.

Klar, heutzutage lohnt es sich nicht mehr die Suchmaschinen mit irgend welchen Tricks manipulieren zu wollen. Früher oder später bekommt man dafür immer einen Klaps auf den Hintern, heutzutage meist eher früher als später.

Trotzdem: Suchmaschinen-Optimierung ist viel mehr, als irgendwelche hinterlistigen

Tricks (sogenanntes Black Hat Marketing). Schliesslich geht es hier einfach nur darum, Deine Seiten so zu gestalten, dass diese auch in den Suchmaschinen gefunden werden.

Das Ziel ist es also Deine Seite mit legitimen Techniken bei Google & Co. Auf die erste Seite zu bringen. Zwar ist das nicht immer so einfach, doch hat sich das Suchverhalten mittlerweile zu Deinem Vorteil verändert.

Wer heutzutage zum Beispiel ein neues Mountainbike für unter 500 € kaufen will, der sucht nach: “Bestes Mountainbike für 500 €” oder so ähnlich. Vor ein paar Jahren war das noch anders. Da wurde einfach nur nach “Mountainbike” gesucht und dann musste man sich erstmal durch die Ergebnisse wälzen. Dass die Suchmaschinen dabei auch um einiges intelligenter geworden sind und uns das anzeigen, wonach wir wirklich suchen, trägt natürlich auch seinen Teil dazu bei.

Wie gesagt, Leute suchen vermehrt nach langen Suchbegriffen. Dies sind so genannte Long Tail Keywords.
In der Summe werden diese Long Tail Keywords zwar öfter gesucht als kurze Suchbegriffe, doch werden diese im Einzelnen deutlich weniger oft verwendet als die kurze Version.
Das heisst also, dass zwar “Mountainbike” als Suchbegriff öfter verwendet wird als “Bestes Mountainbike für 500 €”. Aber es heisst auch, dass es viel mehr Leute gibt, die eben genau nach spezifischen Informationen suchen. Nur die Formulierung ist anders:

Während der eine nach “Bestes Mountainbike für 500€” sucht, so sucht der andere nach “Bestes Bike für 500€” oder “Bestes Günstiges Mountainbike” oder “MTB für 500€” und ein Österreicher sucht nach “Mountainbike um 500€”.

Wie Du also siehst, gibt es unzählige Suchbegriffe, die eigentlich alle genau nach der selben Information suchen (in unserem Beispiel ein günstiges und gutes Mountainbike). Und genau hier liegt der Schlüssel zu unserem Erfolg.

Denn während es für Dich unmöglich sein wird, dass Du mit Deinem kleinen Blog auf der ersten Seite angezeigt wirst, wenn jemand nach “Mountainbike” sucht, so ist es durchaus möglich, dass Du relativ einfach unter die Top 3 Suchergebnisse für “Die Besten Mountainbikes für einen Studenten um 500 €” kommen kannst.

Denn währenddem sich die grossen Seiten schon lange für den Begriff “Mountainbike” profiliert haben ist die Chance relativ gering, dass sie eine spezifische Seite haben, die genau diese Frage beantwortet.

Wenn Du nun einen Artikel mit genau diesem Thema veröffentlichst, so wird Google Deine Seite analysieren und feststellen, dass Du genau darüber sprichst. Das heisst also, dass Google dem Suchenden Deine Seite anzeigt. Und was denkst Du, auf welches Suchergebnis der Suchende klicken wird? Natürlich auf genau dieses, welches seine Frage am Besten zu beantworten scheint.

Natürlich gibt es noch viele weitere Faktoren, die die Suchmaschinen-Faktoren und das Ranking beeinflussen. Für den Anfang reicht es allerdings, wenn Du Dich auf diese eine Sache konzentrierst.

Um gefunden zu werden musst Du also so viele Artikel wie möglich verfassen, die sich alle um ein spezifischen Problem handeln. Das Problem ist nur, dass es Tausende solcher Suchanfragen gibt. Einige dieser Anfragen werden monatlich nur 1-2 mal gesucht, da lohnt es sich zum Beispiel nicht, einen ganzen Artikel darüber zu schreiben.

Während andere Suchbegriffe hunderte oder tausende Male am Tage gesucht werden. Nur ist es bei so beliebten Anfragen sehr, sehr schwierig auf die Erste Seite zu kommen, weil dort natürlich jeder gefunden werden will. Wir müssen uns also Suchbegriffe raussuchen, die oft genug gesucht werden, bei denen wir aber immer noch ohne viel Aufwand auf der ersten Seite der Suchergebnissen landen.

Woher wissen wir aber nun wie oft nach welchem Suchbegriff gesucht wird?

Dafür gibt es einige Tools, die uns genau dies und weitere nützliche Informationen liefern können.
Mit dem “Google Keyword Planner” gibt es dazu eine kostenlose Hilfe von Google selbst. Zwar ist das Tool für Google AdWords, also für das erstellen von Werbeanzeigen auf Google konzipiert worden, doch findet man damit auch jede Menge Suchbegriffe inklusive Statistiken, wie oft der jeweilige Begriff im Monat gesucht wird.

Damit können wir nun herausfinden, ob wir unseren Artikel über “Die Besten Mountainbikes für 500€”, über “Bestes 500€ Mountainbike” oder “Bestes Bike 500€” verfassen sollten.
Am Anfang solltest Du Dich eher auf Suchbe-

griffe konzentrieren die weniger Oft gesucht werden und bei denen es wenig bis gar keine Seiten gibt, die das spezifische Problem lösen.

Nachdem Du ein paar Artikel für spezifische Suchbegriffe geschrieben hast und geschaut hast, auf welchem Platz Deine Seite angezeigt wird, wirst Du langsam ein Gefühl bekommen, ob Du es schaffst für den jeweiligen Suchbegriff an erster Stelle zu landen.

Im Allgemeinen ist es immer Besser, wenn Du unter die Top 3 kommst, als wenn Du “nur” auf Platz 9 oder 10 bist, denn die meisten Leute schauen sich nur die ersten paar Einträge an.

Es gibt auch kostenpflichtige Keyword-Tools, die Dir diese Aufgabe erleichtern und die Dir eine genauere Einschätzung geben, wie schwierig es sein wird auf Platz 1 bei Google zu kommen. Allerdings sind diese nicht ganz günstig, lohnen sich aber allemal!

Wie werde ich auf Google gefunden?

Jetzt, wo wir die ganze Theorie hinter uns haben fragst Du Dich bestimmt, wie Du nun bei Google für die ausgewählten Suchbegriffe gefunden wirst.
Ich möchte Dir hier einige Grundlagen erklären, die Du sofort einsetzen kannst, um besser gefunden zu werden.

Als Erstes empfehle ich Dir ein SEO WordPress Plugin. Ich selbst nutze immer Yoast SEO. Dieses Tool hilft Dir, Deine Seiten besser zu ranken und einige zusätzliche Einstellungen vorzunehmen. Es gibt auch andere Plugins die ähnliche Funktionsweisen haben, aber ich benutze ausschliesslich Yoast.

Auf Deinem Blog, respektive in Deinem Artikel, solltest Du zudem auf folgende Punkte achten:
Dein Suchbegriff muss zwingend im Titel sowie in den ersten Sätzen Deines Artikels stehen. Ausserdem sollte der Suchbegriff auch in der Suchmaschinen-Beschreibung eingefügt werden. Diese Beschreibung kannst Du einfach mit Yoast SEO ändern. Dabei solltest Du darauf achten, dass der Text möglichst ansprechend ist, so dass so viele Leute wie möglich auf Deinen Eintrag klicken.

Yoast hilft Dir auch mit einigen weiteren Tipps, die Du befolgen solltest, um Deine Chancen zu erhöhen um auf Platz 1 bei Google gelistet zu werden (und auch dort zu bleiben!)

Zusätzlich hilft es, die einzelnen Artikel auf Deinem Blog untereinander zu verlinken. Dabei solltest Du natürlich darauf achten, dass die Links auch angepasst und relevant sind.

Den Rest des Artikels solltest Du so natürlich wie möglich schreiben. Denk daran: Du schreibst für Menschen und nicht für die Suchmaschine. Denn wenn die Besucher Deine Seite sofort wieder verlassen, weil Dein Artikel nicht leserlich ist und nur mit Suchbegriffen vollgestopft ist, so wirst Du Deinen Suchmaschinen-Platz sehr schnell wieder verlieren. Denn Google will natürlich, dass die Leute auch das Finden, wonach sie suchen, damit sie auch bei der nächsten Suche wieder bei Google landen.

Weiterhin solltest Du Dich bemühen, dass auch andere Seiten auf Deine Artikel verlinken. Dies sollten möglichst relevante Seiten sein. Wenn Deine Inhalte informativ und ausführlich sind, wird dies früher oder später auch von selbst passieren, doch kannst Du dort natürlich immer etwas nachhelfen, indem Du andere Seiten kontaktierst, die zum Beispiel ein Verzeichnis von anderen Blogs oder hilfreichen Artikeln haben.

Auch kannst Du Artikel für andere Blogs schreiben. Als “Dankeschön” dafür wird Deine eigene Seite am Anfang oder am Ende des veröffentlichten Artikels verlinkt.

Und zu guter Letzt solltest Du natürlich Deine Artikel auch auf Deinen Social Media Kanälen bewerben. Je mehr diese Beiträge und Links geteilt werden um so besser.

Wie finde ich passende Affiliate Angebote?

Sobald Du einige hilfreiche Artikel geschrieben hast, ist es an der Zeit auch Affiliate Artikel zu schreiben. Je nach Nische und beworbenen Produkten sehen diese Artikel unterschiedlich aus.

Zum einen gibt es die Artikel, die sich mit physischen Produkten auseinandersetzen. Meistens werden bei diesen Artikeln Links zu den Produkten auf Amazon gesetzt. Aber es gibt auch viele weitere Seiten mit Affiliate Programmen.

Zum anderen gibt es auch Artikel, die sich mit digitalen Produkten auseinandersetzen. Hier sind die Kommissionen meist deutlich höher, dafür sind die verlinkten Seiten meist unbekannt (was nicht zwingend negativ sein muss).

Und wie findest Du nun solche Affiliate Programme zum Bewerben? Indem Du bei Google nach “Affiliate NISCHE” oder auch “Partnerprogramm NISCHE” suchst. Dabei tauschst Du natürlich NISCHE mit Deiner spezifischen Nische aus.
Hier findest Du jede Menge Affiliate Angebote von denen Du das Passende auswählen kannst.

Ob Du nun physische oder digitale Produkte aussuchst ist dabei eigentlich egal. Am Besten sucht Du Dir natürlich Artikel aus, die Du bereits kennst. Denn das erleichtert die Sache um einiges.

Sobald Du ein Produkt gefunden hast und Dich für das Affiliate Programm angemeldet hast, ist es an der Zeit einen Artikel über das Produkt zu schreiben. Dieser Artikel sollte eine möglichst ausführliche Kaufberatung sein. Du stellst das Produkt also vor und nennst einige Vor- und Nachteile. Dabei solltest Du so ehrlich wie möglich sein. Es hilft auch, wenn Du Dir bereits vorhandene Bewertungen über das Produkt anschaust und wiederkehrende Punkte in Deine Bewertung mit einfliessen lässt.

Ziel des Ganzen ist es, eine Kaufberatung für interessierte Käufer anzubieten. Dabei ist es wichtig, dass Du eben auch die Nachteile erwähnst. Die Leute, die diesen Artikel lesen, haben sich in den meisten Fällen schon fast für das Produkt entschieden und sind bereit zu kaufen. Sie brauchen nur noch eine Bestätigung, ob es auch ihren Ansprüchen ent-

spricht.
Wer das Produkt dabei nur in den Himmel lobt, wirkt schnell unglaubwürdig und der Besucher verlässt die Seite.

Es gibt bereits viele Webseiten mit solchen Kaufberatungen, die Du als Beispiel oder als Vorlage verwenden kannst. Natürlich musst Du den Text ganz alleine schreiben, denn Google wird Deine Seite nur dann in den Index aufnehmen, wenn es sich dabei um neue Inhalte handelt.

Nachdem Du einige dieser Artikel über ähnliche Produkte verfasst hast, kannst Du auch einen Artikel schreiben, der alle Produkte miteinander vergleicht. Solche Vergleichs-Artikel sind zwar die aufwändigsten zum Schreiben, doch sind sie auch sehr oft die, die Dir am meisten Geld einbringen.

Natürlich solltest Du auch hier die gelernten SEO-Techniken anwenden, damit Deine Tests und Produktvergleiche auch gefunden werden. Auch findest Du durch Keyword-Recherche weitere interessante Produkte zum Testen und Vergleichen.

Sobald Deine Seite etwas grösser ist, kannst Du Dich natürlich auch beim Verkäufer melden und nach einem Testexemplar fragen. Dabei solltest Du dem Verkäufer frühere Erfolge aufzeigen, um ihm zu zeigen, dass es sich für ihn durchaus lohnen kann und dass Du nicht nur ein gratis Produkt abstauben willst. Dabei ist es in der Regel einfacher ein digitales Produkt zu erhalten.

Vergiss nicht auch weiterhin informative Artikel zu schreiben. Diese bringen Dir weitere Webseitenbesucher und helfen, dass Deine Seite an Ansehen gewinnt (bei den Leuten sowie auch bei den Suchmaschinen!). Eine gute Balance zwischen Affiliate- und SEO-Artikeln ist der Schlüssel zu Deinem Erfolg. Vor allem am Anfang solltest Du vermehrt auf SEO-Artikel setzen.

Ich selbst schreibe zum Beispiel am Anfang eines neuen Affiliate Blogs meist 5 informative SEO-Artikel für jeden Affiliate Artikel den ich veröffentliche. Schliesslich will ich, dass die Besucher nicht das Gefühl haben, sie sind auf einem Werbeblog.

Bonus: 3 Weitere Tipps

Zu guter Letzt möchte ich Dir noch 3 kurze Bonus Tipps geben, die Deinen Erfolg beschleunigen können.

Tipp Nummer 1: Sei der Experte!
Als erstes: Du musst kein Profi in Deiner Nische sein und alles wissen und kennen. Es reicht schon völlig aus, wenn Du mehr weisst, als die meisten Deiner Besucher.
Falls Du ein Blog aufbaust über eine Nische in der Du Dich noch nicht so gut auskennst, kannst Du auch dies zu Deinem Vorteil verwenden, indem Du gezielt Inhalte für Anfänger anbietest. Viele Fachleute, die sich mit einer Materie jahrelang auseinandergesetzt haben, vergessen sehr oft, dass nicht alles so einfach ist. Vor allem für Anfänger ist es teilweise schwer den Experten zu folgen.

Nichtsdestotrotz solltest Du immer wieder versuchen, Dein Fachwissen unter Beweis zu stellen. Natürlich ohne dabei anzugeben! Dies kannst Du zum Beispiel machen, in dem Du für andere Blogs Artikel schreibst, oder Fragen in Foren oder Frage-Antwort-Plattformen beantwortest. Bonus Punkte gibt's dabei, wenn Du mehr als nur einen Satz als Antwort gibst.
Auch die Social Media Plattformen können überaus interessant sein um seine Reichweite zu erhöhen.

Kurzum: Teile Dein Wissen gerne und grosszügig. Werde zu der Person, die alle nach ihrem Rat fragen und die Leute werden Deinen Empfehlungen Glauben schenken.

Tipp Nummer 2: Bau Dir eine Liste!

Und zwar eine E-Mail Liste. E-Mail Marketing ist ein toller Weg, um für weitere Produkte zu werben, und das genau dort, wo die Leute täglich reinschauen (Viele sogar stündlich!) - in ihrem Posteingang.

E-Mail Marketing ist immer noch die Plattform, in der Du am meisten Geld verdienen kannst. Es lohnt sich also, einen eigenen Newsletter aufzubauen und Deinen Lesern regelmässige Nachrichten zu schicken. Das Ganze lässt sich übrigens auch mit einem Autoresponder automatisieren, damit Du Deine Freizeit nicht damit verbringen musst ständig neue E-Mails zu schreiben und Du genügend Zeit hast, weitere Artikel auf Deinem Blog zu veröffentlichen.

Auch hier gilt: Werbung & Informatives gut zu mischen.

Tipp Nummer 3: Kopiere den Erfolg!

Natürlich solltest Du nie und nimmer irgend etwas 1:1 kopieren - von niemandem. Aber Du solltest den Erfolgreichen in Deiner Nische folgen. Melde Dich für deren Newsletter an, abonniere deren Blogs und folge ihnen auf Facebook & Co. Finde heraus was sie machen, warum sie das machen und wie sie es machen. Du kannst einiges dabei lernen, welches Du in Deine Strategie mit einbinden kannst.

Such Dir das Beste von allen heraus, verändere es so, dass es zu Dir und Deinem Konzept passt und nutze es zu Deinen Gunsten.

Wieso das Rad immer wieder neu erfinden, wenn es andere gibt, die Dir die schwere Arbeit bereits abgenommen haben und wissen, was in Deiner Nische funktioniert und was nicht.
Natürlich macht auch der grösste Experte Fehler und versucht womöglich viele Dinge, die nicht so richtig funktionieren.

Wenn Du aber gewisse Muster erkennen kannst, dann kannst Du sicher sein, dass Du auf der richtigen Fährte liegst.

Abschliessende Worte

Nun ist es an der Zeit, dass Du aktiv wirst. Erstelle Dein eigenes Affiliate Blog und beginne damit Geld zu verdienen.

Allerdings möchte ich Dir noch folgendes auf den Weg geben: Es wird nicht leicht.
Mit Deinem Affiliate Blog wirst Du nicht über Nacht zum Millionär, so wie es Dir einige Kurse vielleicht versprechen. Und es braucht vor allem in den ersten Wochen jede menge Arbeit. Doch wenn Du Deine Ärmel hochkrempelst und dran bleibst, dann wirst Du schon bald die ersten Erfolge erzielen. Manchmal dauert es ein bisschen länger, aber solange Du nicht aufgibst wirst Du früher oder später Deine ersten Erfolge erleben.

Wie lange das Ganze dauert?

Pauschal lässt sich sowas nicht sagen. Aber es ist durchaus realistisch, dass Du innerhalb von 6 Monaten 500 € pro Monat damit verdienen kannst. Die ersten paar Monate kommt vielleicht noch nichts oder nur sehr wenig zusammen, aber je mehr Artikel Du verfasst und je mehr Besucher Du auf Deiner Seite hast, umso besser werden Deine Erfolgschancen. Das Wachstum ist dabei Exponentiell. So ist es viel einfacher von 100 € auf 500 € im Monat zu wachsen, als erstmal auf die 100 € zu kommen.

Affiliate Blogs sind eine tolle und einfache Art Geld online zu verdienen. Und nachdem man die anfängliche Arbeit reingesteckt hat, kann man sich zurücklehnen und seine Erfolge geniessen.

Ich drücke Dir auf jeden Fall die Daumen und wünsche Dir viel Erfolg!

Gutes Gelingen,
Dein *Axel Moebus*

Impressum

1. Auflage

Kontakt: Philipp Schartner, Zaglausiedlung 24,
5600 St. Johann im Pongau
Covergestaltung: Axel Moebus

Coverfoto: fiverr.com

Printed in Great Britain
by Amazon